南大记忆

Memories of Nanjing University

杨小民　编

南京大学出版社

嚼得菜根　做得大事

藏书票

六朝松

南京大学 Nanjing University

南京大学 Nanjing University

藏书票

Ex Libris

南京大学 Nanjing University

藏书票

建于1930年的金陵大学校门

新金大的诞生(1951—1952，私立金陵大学与金陵女子文理学院合并)

藏书票 Ex Libris

南京大学 Nanjing University

藏书票

Ex Libris

梁希(1883—1958)

林学家

近代林学和林业杰出的开拓者之一

曾任中央大学农学院教授、南京大学校务委员会主席

南京大学 Nanjing University

藏书票

Ex Libris

李方训(1902—1962)

物理化学家、教育家

中国化学会发起人之一

1955年被选聘为中国科学院学部委员

毕业于金陵大学

曾任金陵大学教授、理学院院长，1951—1952年任金陵大学校长、校委会主任委员，后任南京大学教授、副校长

徐志摩(1897—1931)
诗人　文学家　新月派主要成员
曾任中央大学教授

南京大学 Nanjing University

藏书票

Ex Libris

周鸿经(1902—1957)

数学家　教育家

毕业于南京高等师范学校附中、东南大学

曾任中央大学数学系教授、系主任，中央大学训导长、教务长，1948—1949年任中央大学校长

藏书票

Ex Libris

南京大学 Nanjing University
藏书票
Ex Libris
吴宓(1894—1978)
西洋文学家　诗人
学衡派代表人物
曾任东南大学文学院教授、
《学衡》杂志总编辑

藏书票

Ex Libris

南京大学 Nanjing University

胡刚复(1892—1966)

我国近代物理学奠基人之一

创建了中国第一个物理实验室

是“电位”“熵”等物理名词的最早定名者

被誉为“真正把物理学引进中国的第一人”

曾任南京高等师范学校、东南大学教授，第四中山大学高等教育处处长，中央大学理学院院长

南京大学 Nanjing University

藏书票

Ex Libris

秉志(1886—1965)

动物学家

中国近代生物学的一代宗师

创建我国第一个生物学系

1948年当选为中央研究院院士

1955年被选聘为中国科学院学部委员

曾任南京高等师范学校、东南大学、中央大学生物系教授

1920年10月，英国著名哲学家罗素来东南大学讲学

南京大学 Nanjing University

藏书票

李四光(1889—1971)

地层学家　古生物学家　大地构造学家

中国地质力学的创始人

1955年被选聘为中国科学院学部委员

1932年任中央大学代校长，1937年任中央大学理学院地质系名誉教授

南京大学 Nanjing University

藏书票

Ex Libris

徐悲鸿(1895—1953)

美术教育家　画家

曾任中央大学艺术系教授、系主任

藏书票

南京大学 Nanjing University

宗白华(1897—1986)

哲学家　美学大师　诗人

我国现代美学的先行者和开拓者

被誉为“融贯中西艺术理论的一代美学大师”

曾任东南大学哲学系副教授、中央大学哲学系系主任、南京大学教授

南京大学 Nanjing University
藏书票
Ex Libris
黄宾虹(1865—1955)
画家
山水画宗师
曾任教于两江师范学堂

南京大学 Nanjing University

藏书票

Ex Libris

金善宝(1895—1997)

农学家　中国农业教育家　小麦专家

中国现代小麦科学主要奠基人

1955年被选聘为中国科学院学部委员

毕业于南京高等师范学校、东南大学

曾任东南大学农事试验总场技术员、中央大学农学院教授

南京大学 Nanjing University

藏书票

Ex Libris

蔡翘(1897—1990)

医学家　生理学家　医学教育家

中国生理科学奠基人之一

1948年当选为中央研究院院士

1955年被选聘为中国科学院学部委员

曾任第四中山大学医学院副教授、中央大学医学院教授、中央大学医学院代理院长、南京大学医学院院长

南京大学 **Nanjing University**

藏书票

金陵大学校歌(胡小石 词 H. S. Thompson 曲)

南京大学 Nanjing University

藏书票

Ex Libris

《民国二十五年之日全食》

世界上第一部日全食16mm彩色影片

魏学仁(金陵大学理学院院长)拍摄

1936年摄于日本北海道

1945年公映于法国巴黎“科学影片展”

南京大学 Nanjing University

藏书票 Ex Libris

罗伯特・威尔逊(Dr. Robert Ory Wilson, 1906—1967)

国际红十字会南京委员会委员

曾任金陵大学(鼓楼)医院外科医生

侵华日军南京大屠杀期间，为“南京城内唯一的外科医生”

南京大学 Nanjing University

藏书票

Ex Libris

刘易斯·S.C.史迈士(Lewis S.C.Smythe，生卒年不详)

教育家

曾任金陵大学教授

侵华日军南京大屠杀期间任南京安全区国际委员会秘书

藏书票

南京大学 Nanjing University

C.S.特里默(Clifford Sharp Trimmer,
1891—1974)
曾任金陵大学(鼓楼)医院内科医生

侵华日军南京大屠杀期间，任南京安全区国际委员会成员、卫生委员会副主任，国际红十字会南京委员会成员，留守南京金陵大学(鼓楼)医院，救助平民

南京大学 Nanjing University

藏书票

贝德士(M.S.Bates，1897—1978)

学者　美国传教士

　　曾任金陵大学教授、历史系系主任、文学院院长、副校长，中央大学教授

　　南京大屠杀期间，他和拉贝、马吉等筹建“南京安全区国际委员会”

藏书票

Ex Libris

藏书票

Ex Libris

南京大学

Nanjing University

严济慈(1901—1996)

物理学家　教育家

中国物理学会创建者之一

中国现代物理学研究工作的创始人之一

中国光学研究奠基人之一

1948年当选为中央研究院院士

1955年被选聘为中国科学院学部委员

毕业于南京高等师范学校、东南大学

曾任第四中山大学教授

南京大学
Nanjing University

藏书票
Ex Libris

柳诒徵(1880—1956)
历史学家　古典文学家
图书馆学家　书法家
中国近现代史学先驱
中国文化学的奠基人
1948年当选为中央研究院院士
就读于三江师范学堂
　　曾任教于两江师范学堂、南京高等师范学校、东南大学、中央大学

南京大学 Nanjing University

藏书票

Ex Libris

方东美(1899—1977)

哲学家　诗人

被誉为“东方诗哲”

毕业于金陵大学

曾任东南大学、中央大学、金陵大学教授

Ex Libris

方光焘(1898—1964)

语言学家　作家　文艺评论家　文学翻译家

1957年增聘为中国科学院学部委员

曾任中央大学、南京大学中文系教授

藏书票

南京大学 Nanjing University

南京大学 Nanjing University

藏书票

Ex Libris

艾伟(1890—1955)

心理学家

首创我国教育心理研究所

1941年被国民政府教育部聘为部聘教授

曾任东南大学教授，中央大学教授、教育学院和师范学院院长

南京大学

藏书票 Ex Libris

Nanjing University

1910年，两江师范学堂教职员合影

两江师范学堂校舍(口字房)，1923年毁于火灾

南京大学 Nanjing University

藏书票

Ex Libris

藏书票

Ex Libris

南京大学 Nanjing University

两江师范学堂教学楼(一字楼)

南京大学 Nanjing University

藏书票

南高院

Ex Libris

南京大学 Nanjing University

1920年，南京高等师范学校首届男女同校8位女生合影，开中国高校招收女生之先河

藏书票 Ex Libris

南京大学 Nanjing University

藏书票 Ex Libris

东南大学校门

藏书票

南京大学 Nanjing University

1920年4月，美国著名教育家杜威来东南大学讲学时与教育科师生合影(前排坐者左起：杜威、杜威夫人、杜威长女、陈鹤琴、刘伯明、陆志韦、陶行知、郑晓沧、廖茂如、余子夷)

东南大学科学馆

Ex Libris

藏书票

南京大学 Nanjing University

藏书票

Ex Libris

东南大学上海商业专科学校校舍(国内高校首设商科)

藏书票

Ex Libris

南京大学 Nanjing University

藏书票

Ex Libris

中央大学全景照片

Ex Libris

1932年11月建成的中央大学礼堂(时为全国大学之冠)

藏书票

南京大学 Nanjing University

中央大学图书馆

藏书票

Ex Libris

南京大学 Nanjing University

藏书票 Ex Libris

南京大学
Nanjing University

中央大学音乐教室“梅庵”

南京大学 Nanjing University

中央大学西迁后重庆沙坪坝校址

Ex Libris 藏书票

南京大学
Nanjing University
藏书票

Ex Libris

中央大学西迁后
柏溪分校全景

南京大学 Nanjing University

藏书票 Ex Libris

抗战胜利后，设于南京丁家桥的中央大学二部

金陵大学堂(1910年，汇文书院、宏育书院合并成立)

藏书票

EX LIBRIS

南京大学 Nanjing University

金陵大学校门(干河沿)

藏书票 Ex Libris

南京大学

Nanjing University

建于1917年的北大楼(文学院)

藏书票

南京大学 Nanjing University

金陵大学祈祷室(小礼堂)

抗日战争时期，金陵大学西迁成都，借华西大学校址办学

藏书票

南京大学 Nanjing University

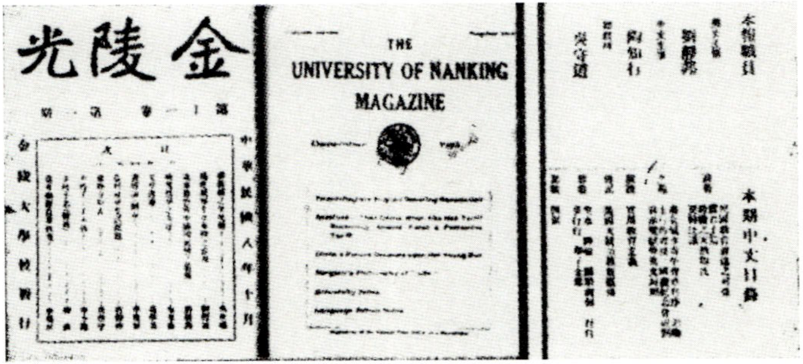

金陵大学学报《金陵光》(1910年创刊)

藏书票

Ex Libris

南京大学 Nanjing University

藏书票

南京大学 Nanjing University

金陵大学摄影俱乐部成员留影

金陵大学理学院(东大楼)

Ex Libris 藏书票

金陵大学农学院(西大楼)

藏书票

南京大学 Nanjing University

Ex Libris

藏书票

南京大学

Nanjing University

金陵大学图书馆

福开森(J.C.Ferguson，1866—1944)

教育家　文物专家　慈善家　社会活动家

1888年创办汇文书院，并任首任院长

藏书票

包文(A.J.Bowen，1873—1944)

教育家

1907—1927年任汇文书院院长、金陵大学校长

EX LIBRIS

南京大学 Nanjing University

藏书票

Ex Libris

南京大学 Nanjing University

陈裕光(1893—1989)

化学家、教育家

第一位担任教会大学校长的中国人

早年入汇文书院附中成美馆求学，毕业于金陵大学化学系

曾任金陵大学化学系教授、金陵大学校长，兼任文学院院长

藏书票

Ex Libris

刘坤一(1830—1902)

军事家　政治家

两江总督、三江师范学堂创办人之一

南京大学
Nanjing University

藏书票

Ex Libris

张之洞(1837—1909)

政治家　洋务派代表人物

署理两江总督、三江师范学堂主要创办人

藏书票

Ex Libris

魏光焘(1837—1916)

政治家、军事家、外交家

两江总督、三江师范学堂

创办人之一

藏书票

Ex Libris

南京大学 Nanjing University

1903年，张之洞(前右)、魏光焘(前左)与三江师范学堂等人员合影

南京大学 Nanjing University

藏书票

Ex Libris

郭秉文(1880—1969)

教育家

曾任南京高等师范学校校长、东南大学校长

藏书票

南京大学 Nanjing University

Ex Libris

刘伯明(1887—1923)

哲学家　教育家

中国现代哲学的先驱

学衡派的代表人物之一

毕业于南京汇文书院

曾任金陵大学国文部、南京高等师范学校史地部主任，东南大学文理科主任、副校长、代理校长

Ex Libris

南京大学 Nanjing University

藏书票

竺可桢(1890—1974)

气象学家　地理学家

1948年当选为中央研究院院士

1955年被选聘为中国科学院学部委员

　　1920年起在南京高等师范学校文史部讲授地学，创建东南大学地学系并任系主任，中央大学地学系系主任

藏书票 Ex Libris

南京大学 Nanjing University

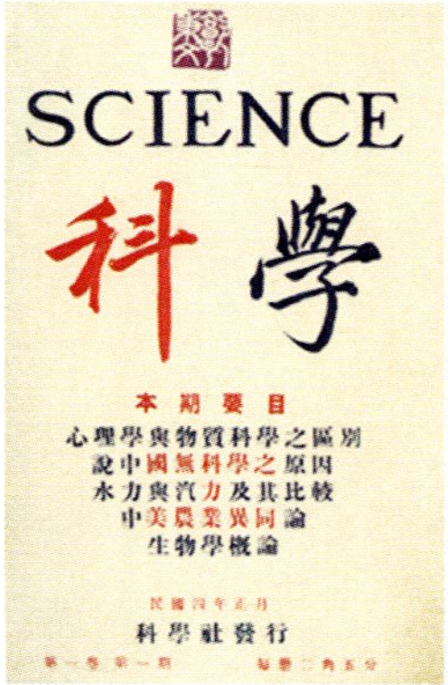

学术期刊《科学》

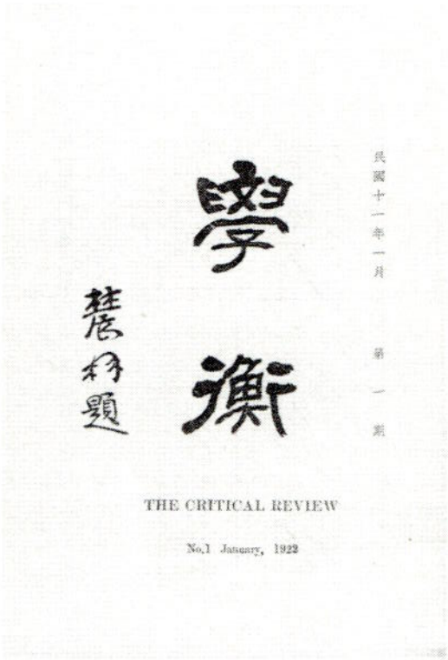

学术期刊《学衡》

南京大学 Nanjing University

Ex Libris 藏书票

中央大学校徽(早期)

中央大学校徽(20世纪30年代后)

罗家伦(1897—1969)

教育家　思想家　社会活动家

1932—1941年任中央大学校长

南京大学
Nanjing University

藏书票

陈鹤琴(1892—1982)

儿童教育家　现代幼教开拓者

　　曾任南京高等师范学校、东南大学教授，中央大学师范学院、南京大学师范学院院长

Ex Libris

藏书票

南京大学 Nanjing University

Ex Libris

吴有训(1897—1977)

物理学家

1948年当选为中央研究院院士

1955年被选聘为中国科学院学部委员

中国开展近代物理学实验研究的先驱者之一

毕业于南京高等师范学校

1926年任教于东南大学

1927年任第四中山大学副教授兼系主任

1945—1947年任中央大学校长

南京大学 Nanjing University

藏书票

Ex Libris

1947年参加“五二〇”爱国运动的中央大学学生走出校门

藏书票

金陵大学校徽(早期)

南京大学 Nanjing University

金陵大学校徽

Ex Libris

南京大学 Nanjing University

EX LIBRIS

藏书票

潘菽(1897—1988)

心理学家、教育家

中国现代心理学主要奠基者之一

九三学社创始人之一

1955年被选聘为中国科学院学部委员

曾任第四中山大学、中央大学、南京大学教授、心理系系主任，南京大学教务长、校务委员会主席。1951—1957年任南京大学校长

南京大学 Nanjing University

藏书票 Ex Libris

1952年，南京大学经济系学生在校门口留影

南京大学
Nanjing University

藏书票
Ex Libris

常道直(1897—1975)
教育家
中国教育学会创建者之一
国民政府教育部部聘教授
毕业于金陵大学
曾任中央大学教育系教授

南京大学 Nanjing University

藏书票

EX LIBRIS

陈焕镛(1890—1971)

植物学家

中国植物学会创立者之一

中国近代植物分类学的开拓者之一

1955年被选聘为中国科学院学部委员

曾任金陵大学、东南大学教授

南京大学 Nanjing University

藏书票

Ex Libris

邹秉文(1893—1985)

农业教育家　植物学家

中国植物病理学教育先驱

中国高等农业教育奠基人之一

　　曾任金陵大学、南京高等师范学校教授，东南大学教授、农科主任，中央大学农学院院长

南京大学 Nanjing University

藏书票 Ex Libris

顾孟余(1888—1972)

政治家、教育家

1941—1943年任中央大学校长

南京大学 Nanjing University

EX LIBRIS

藏书票

胡小石(1888—1962)

中国古典文学家　国学大师

文字学家　文史学家　书法家

毕业于两江师范学堂

曾任金陵大学教授，中央大学教授、文学院院长，南京大学教授、文学院院长，南京大学图书馆馆长

陈中凡(1888—1982)

中国古典文学家

毕业于两江师范学堂

曾任东南大学教授、中文系系主任，金陵大学、南京大学教授

藏书票 Ex Libris

南京大学 Nanjing University

南京大学 Nanjing University

Ex

吕凤子(1886—1959)

画家　美术教育家　美术理论家

毕业于两江师范学堂

　　曾任中央大学艺术系教授、国画组主任，金陵大学中国文化研究所研究员

藏书票

南京大学
Nanjing University

藏书票

Ex Libris

江谦(1876—1942)

教育家

中国近代教育事业的先驱

1914—1919年任南京高等师范学校校长

南京大学 Nanjing University

藏书票

Ex Libris

陶行知(1891—1946)

教育家　思想家

毕业于金陵大学

　　曾任南京高等师范学校

和东南大学教授、教务主任

南京大学 Nanjing University

藏书票

吴梅(1884—1939)

戏曲学家　近代词曲大师

学校戏曲音乐课的开拓者

曾任东南大学、中央大学、金陵大学教授

汤用彤(1893—1964)

哲学家

1948年当选为中央研究院院士

1955年被选聘为中国科学院学部委员

曾任东南大学和中央大学哲学系教授、系主任

藏书票

南京大学 Nanjing University

南京大学 Nanjing University

藏书票

Ex Libris

李叔同(1880—1942)

戏剧家　文学家　音乐家　书画家

1915年任南京高等师范学校音乐、图画教师

南京大学 Nanjing University

藏书票

楼光来(1895—1960)

英语文学家　语言学家　戏剧评论家

曾任东南大学、金陵大学教授，中央大学文学院院长、外语系系主任，南京大学外文系教授

南京大学 Nanjing University

藏书票

Ex Libris

熊庆来(1893—1969)

数学家

创办了国内大学第一个算学系

中国近代数学的先驱

曾任教于南京高等师范学校和东南大学

茅以升(1896—1989)

土木工程学家　桥梁专家

1955年被选聘为中国科学院学部委员

1982年当选为美国国家科学院外籍院士

曾任东南大学教授兼工科主任

藏书票

南京大学 Nanjing University

藏书票

1924年，印度诗人、诺贝尔文学奖获得者泰戈尔来东南大学讲学

杨杏佛(1893—1933)

经济学家

曾任南京高等师范学校工科教授、主任，后任东南大学商科主任、工学院院长

藏书票

Nanjing University

南京大学

藏书票

南京大学 Nanjing University

张乃燕(1894—1958)

教育家　化学家　史学家

　　1927—1930年任第四中山大学、江苏大学及中央大学校长

朱家骅(1893—1963)

教育家　科学家　政治家

1930—1931年任中央大学校长

南京大学

Nanjing University

藏书票

Ex Libris 藏书票

马寅初(1882—1982)

经济学家　教育家　人口学家

1948年当选为中央研究院院士

1955年被选聘为中国科学院学部委员

曾协助创办东南大学商学院并任教授，后任中央大学、金陵大学教授

南京大学 Nanjing University

藏书票

Ex Libris

欧阳翥(1898—1954)

生物学家 神经解剖学家 国学家

毕业于东南大学

曾任中央大学、南京大学教授

张钰哲(1902—1986)

天文学家

1955年被选聘为中国科学院学部委员

曾任中央大学物理系、南京大学天文学系教授

藏书票

南京大学
Nanjing University

藏书票

童第周(1902—1979)

生物学家

我国实验胚胎学的主要创始人之一

曾任第四中山大学、中央大学教授

Ex Libris

南京大学 Nanjing University

南京大学 Nanjing University

藏书票

Ex Libris

闻一多(1899—1946)

诗人　文学家

1927年任第四中山大学教授、外国文学系系主任

南京大学 Nanjing University

藏书票

庄长恭(1894—1962)

有机化学家　教育家

中国有机化学研究的先驱者

有机微量分析的奠基人

1948年当选为中央研究院院士

1955年被选聘为中国科学院学部委员

曾任中央大学理学院院长、教授

南京大学 Nanjing University Ex Libris 藏书票

中央大学第一届毕业生合影

南京大学 Nanjing University

Ex Libris

藏书票

重庆沙坪坝中央大学大礼堂

藏书票

南京大学 Nanjing University

1947年，中央大学物理系在南京九华山创办我国最早的原子能科学研究实验室

南京大学 Nanjing University

藏书票

Ex Libris

郑集(1900—2010)

中国营养学的奠基人

中国生物化学的开拓者之一

毕业于中央大学

曾任金陵大学教授，中央大学教授、校务维持委员会常委，南京大学教授

Ex Libris　南京大学 Nanjing University

藏书票

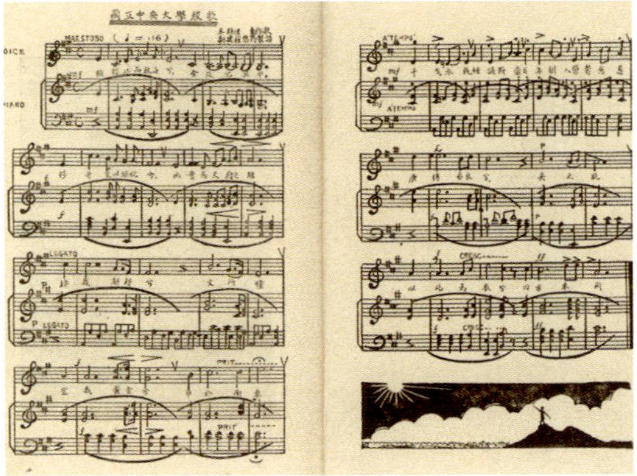

中央大学校歌（汪东 词　程懋筠 曲）

南京大学 Nanjing University

藏书票

Ex Libris

金陵大学建筑群旧影，从右依次为东大楼(理学院)、北大楼(文学院)、西大楼(农学院)、大礼堂

金陵大学大礼堂

藏书票

南京大学
Nanjing University

藏书票

刘国钧(1899—1980)
图书馆学家　目录学家
毕业于金陵大学
　　曾任金陵大学教授、图书馆馆长、文学院首任院长

赛珍珠(Pearl S. Buck，1892—1973)
美国作家

“诺贝尔文学奖”“普利策小说奖”获得者

曾任金陵大学、东南大学、中央大学教授

藏书票

Ex Libris

南京大学

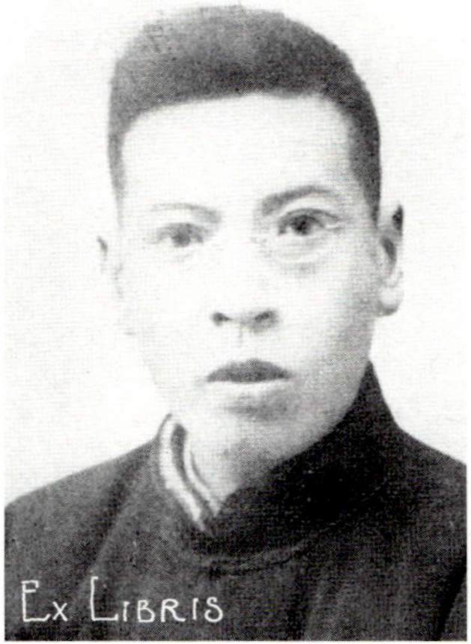

黄侃(1886—1935)

音韵学家　古典文学家　国学大师

曾任中央大学、金陵大学教授

藏书票

南京大学

Nanjing University

藏书票

南京大学 Nanjing University

陶园南楼(抗战前，金陵大学中国文化研究所设于此)

藏书票

南京大学 Nanjing University

Ex Libris

金陵大学陶园北楼旧影(1998年拆除)

吕叔湘(左，1904—1998)
语言学家
1955年被选聘为中国科学院学部委员
毕业于东南大学
　　曾任金陵大学中国文化研究所研究员、中央大学中文系教授

藏书票

南京大学 Nanjing University

李小缘(1897—1959)

图书馆学家　目录学家

中国近代图书馆运动倡导人之一

毕业于金陵大学

　　曾任金陵大学图书馆馆长、图书馆学系系主任，中国文化研究所所长、史学部主任，南京大学图书馆副馆长

Ex Libris 藏书票

南京大学 Nanjing University

藏书票

1935年，金陵大学合拍影片《农人之春》获比利时布鲁塞尔“农村国际电影比赛会”特等奖第三名

Ex Libris

南京大学 Nanjing University

Ex Libris

藏书票

裴义理(Joseph Bailie，1860—1935)

教育家

创办金陵大学农科(中国高等农业教育之始)

曾任金陵大学教授、农科科长、农林科科长

南京沦陷期间，金陵大学鼓楼医院
医护人员与救治难民合影

藏书票

南京大学
Nanjing University

Ex Libris

南京大学 Nanjing University Ex Libris 藏书票

陈嵘(1888—1971)

林学家　林业教育家

中国近代林业科学奠基人之一

中国树木分类学奠基人之一

曾任金陵大学森林系教授、系主任

侵华日军南京大屠杀期间，留守金陵大学，保护校产和教职工，并救助难民

南京大学 Nanjing University

曾昭抡(1899—1967)

化学家　教育家　社会活动家

1948年当选为中央研究院院士

1955年被选聘为中国科学院学部委员

曾任中央大学化学系教授

藏书票 Ex Libris

赵忠尧(1902—1998)

物理学家

1948年当选为中央研究院院士

1955年被选聘为中国科学院学部委员

中国核物理研究的开拓者之一

毕业于南京高等师范学校

曾任东南大学助教、中央大学教授

南京大学 Nanjing University

藏书票

叶企孙(1898—1977)

物理学家　教育家

我国近代物理学奠基人之一

1948年当选为中央研究院院士

1955年被选聘为中国科学院学部委员

曾任东南大学物理系教授

南京大学 Nanjing University

胡先骕(1894—1968)

生物学家　植物学家

中国植物分类学的奠基人

1948年当选为中央研究院院士

　　曾任南京高等师范学校农林专修科植物学教授、东南大学农科植物学教授兼生物学系系主任

藏书票

Ex Libris

南京大学
Nanjing University
藏书票

EX LIBRIS

汪辟疆(1887—1966)

文学史家　目录学家　文学家

曾任第四中山大学、中央大学、金陵大学、南京大学教授

图书在版编目（CIP）数据

南大记忆 / 杨小民编. -- 南京 : 南京大学出版社, 2022.1 (2022.5重印)
ISBN 978-7-305-23753-9

Ⅰ. ①南… Ⅱ. ①杨… Ⅲ. ①南京大学—校史—史料 Ⅳ. ①G649.285.31

中国版本图书馆CIP数据核字(2020)第169561号

出版发行 南京大学出版社
社　　址 南京市汉口路22号　　　邮编 210093
出 版 人 金鑫荣

书　　名 南大记忆
编　　者 杨小民
责任编辑 陆蕊含

照　　排 南京紫藤制版印务中心
印　　刷 南京爱德印刷有限公司
开　　本 900 mm×740 mm 1/24 印张 11 字数 90千
版　　次 2022年1月第1版 2022年5月第2次印刷
ISBN 978-7-305-23753-9
定　　价 68.00元

销售咨询热线：（025）83594756